Rochus Stobbe

Dokumentenmanagement mit ECMS

GRIN Verlag

Bibliografische Information der Deutschen Nationalbibliothek:

Die Deutsche Bibliothek verzeichnet diese Publikation in der Deutschen National-
bibliografie; detaillierte bibliografische Daten sind im Internet über http://dnb.d-
nb.de/ abrufbar.

Impressum:

Copyright © 2011 GRIN Verlag GmbH
Druck und Bindung: Books on Demand GmbH, Norderstedt Germany
ISBN: 978-3-656-04024-8

GRIN - Your knowledge has value

Der GRIN Verlag publiziert seit 1998 wissenschaftliche Arbeiten von Studenten, Hochschullehrern und anderen Akademikern als eBook und gedrucktes Buch. Die Verlagswebsite www.grin.com ist die ideale Plattform zur Veröffentlichung von Hausarbeiten, Abschlussarbeiten, wissenschaftlichen Aufsätzen, Dissertationen und Fachbüchern.

Besuchen Sie uns im Internet:

http://www.grin.com/

http://www.facebook.com/grincom

http://www.twitter.com/grin_com

FOM Hochschule für Ökonomie & Management
Frankfurt am Main

Berufsbegleitender Studiengang zum

Bachelor of Science - Wirtschaftsinformatik

5. Semester, Wintersemester 2010/2011

Seminararbeit (Content Management Systeme)

Dokumentenmanagement mit ECMS

Autor: Rochus Stobbe

Karben, 08. Juni 2011

Inhaltsverzeichnis

Abkürzungsverzeichnis

NCI   Non Coded Information

CI   Coded Information

DMS   Dokumentenmanagement-System

IT   Informationstechnik

ECMS   Enterprise Content Management System

OCR   Optical Character Recognition

UMTS   Universal Mobile Telecommunications System

LTE   Long Term Evolution

Abbildungsverzeichnis

1 Einleitung

Dokumentenmanagement ist derzeit in aller Munde. Nur was bringt es für ein Unternehmen? Welchen Nutzen hat es für die Arbeit der Mitarbeiter? Kann ein Unternehmen dadurch Kosten sparen? Ist diese Technik verständlich für Mitarbeiter? Diese Fragen stellen sich vielen Unternehmern.

Nicht zu vergessen sollte aber dabei immer wieder der hohe Papier-Verbrauch und der lange Weg von Informationen und Dokumenten im Unternehmen. Diesen gilt es auch in Anbetracht des ökologisch wertvollen Prädikates „Green" zu reduzieren. Kein Unternehmen möchte als „papierfressendes Ungeheuer" in den Medien auftauchen.

Diese Hausarbeit soll das Thema Dokumentenmanagement beleuchten und die Abgrenzung zu Enterprise Content Management aufzeigen. Desweiteren wird der Dokumentenlebenszyklus anhand eines Beispieles erklärt. Zum Schluss werden die Vor- und Nachteile erläutert, die ein Unternehmen durch die Einführung von Dokumentenmanagement hat.

2 Grundlagen / Begriffserklärung

2.1 Dokument

Ein Dokument kann verschiedene Informationen erhalten, wie zum Beispiel Texte, Grafiken, Bilder oder Tabellen. Natürlich kann es auch ein Zusammenspiel zwischen diesen Bausteinen sein. Es gibt zwei Arten von Dokumenten. Zum Einen gibt es physische Dokumente. Diese sind zum Beispiel Werke, die auf Papier oder Mikrofilm festgehalten wurden. Zum Anderen gehören die digitalen Dokumente dazu, in Form von elektronischen Dateien, die auf Computern gespeichert sind.[1]

In der heutigen Zeit ist es leicht, aus physischen Dokumenten durch Scannen digitale zu machen. Trotzdem gibt es auch hier noch Unterschiede. Und zwar in Form der NCI- und CI-Dokumente. NCI-Dokumente sind eine Kopie eines Papierstücks. Texte werden durch das Scannen nur als „Bild" dargestellt. Nur das menschliche Auge kann diese Texte interpretieren und verarbeiten. Ein Computer nicht. Ihm bleibt die Anzeige vorbehalten. Damit Texte aber auch von einem Computer verarbeitet werden können, muss der Text mit einer OCR-Software umgewandelt werden. Digitale Dokumente, die aus Zeichen erstellt werden, zum Beispiel über Microsoft Word oder Notepad, sind CI-Dokumente. Diese können von einem Computer „gelesen" und genutzt werden. Wird ein NCI-Dokument durch eine OCR-Software umgewandelt, wird es zu einem Ci-Dokument.[2]

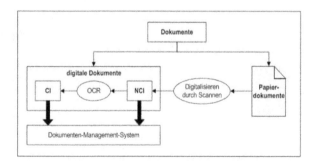

Abbildung 1: Dokumentenarten[3]

---

[1] Vgl. Dandl, Jörg: Dokumenten-Management-Systeme – Eine Einführung, Mainz 1999, S. 6f
[2] Vgl. Dandl, Jörg: Dokumenten-Management-Systeme – Eine Einführung, Mainz 1999, S. 7
[3] Dandl, Jörg: Dokumenten-Management-Systeme – Eine Einführung, Mainz 1999, S. 7

2.2 Dokumentenmanagement

Werden elektronische Dokumente mit Hilfe einer Datenbank verwaltet, wird von Dokumentenmanagement gesprochen. Die Systeme, die dieses ausführen, nennt man Dokumentenmanagement-Systeme, kurz DMS oder DM-Systeme.

Dokumente, die in einem DMS erfasst sind, können von mehreren Benutzern bearbeitet und kontrolliert werden. Freigaben für bestimmte Benutzer oder Benutzergruppen können leichter vergeben werden. Zudem verfügen DM-Systeme über schnellere Such-Algorithmen, einfachere Übersichten und bessere Archivierungsmöglichkeiten. Damit wird Zeit durch die Suche gespart. Durch ein DMS werden alle Phasen eines „Dokumenten-Lebenszyklus" wiedergegeben. Dieser fängt an mit der Erzeugung des Dokumentes. Die weiteren Phasen sind die Überarbeitung, die Publizierung, die Ablage und Archivierung und schlussendlich die Ausscheidung, beziehungsweise die Vernichtung des Dokumentes.

Die Hauptaufgaben eines DMS sind „die Erschließung des Dokumenteninhalts, die temporäre Speicherung, die Langzeitarchivierung, die gezielte Suche nach Dokumenten (Retrieval), die Bearbeitung, der Ausdruck und die Verteilung der Unterlagen an beteiligte und berechtigte Mitarbeiter."[4]

Ein Dokumentenmanagement-System ist Bestandteil eines Enterprise Content Managment-Systems. Dazu aber mehr im Punkt ECMS.

2.3 Dokumentenlebenszyklus

Der Dokumentenlebenszyklus erklärt die verschiedenen Phasen, die Dokumentenerstellung, -verwendung, -verteilung, -ablage und -zerstörung, die ein Dokument durchläuft.[5] Es wird in diesem Zusammenhang auch von „Document Life Cycle Management" gesprochen. Hierbei geht es um die systematische Unterstützung des Dokumentenlebenzyklus durch managebare Systeme. Dabei kann auf jede einzelne Phase einzeln zugegriffen und individuell Einfluss genommen werden.[6]

---

[4] Manhart, Klaus: Krawattenträger verstehen – Fakten für IT-Techniker, München 2009, S. 27
[5] Böhn, Martin: Enterprise Content Management – Systeme für Dokumentenmanagement und Archivierung, Würzburg 2010, S. 5
[6] Vgl. Ostheimer, Bernhard; Janz, Wolfhard: Dokumenten-Management-Systeme – Abgrenzung, Wirtschaftlichkeit, rechtliche Aspekte, Gießen 2005, S. 11

In einer Studie von Harald Klingelhöller wird deutlich, wie die zeitliche Benutzung eines Dokumentes aussieht. So befindet sich ein Dokument cirka 89% in Archiven oder unbenutzt in irgendwelchen Ablagen. In weiteren 7% wird es transportiert und letztendlich wird es in nur 4% der Zeit bearbeitet.[7]

Dokumenten-erstellung → Dokumenten-verwendung → Dokumenten-verteilung → Dokumen-tenablage → Dokumenten-zerstörung

Abbildung 2: Dokumentenlebenszyklus[8]

2.4 Enterprise Content Management-Systeme

In den heutigen Unternehmen gibt es sehr viel Wissen, das an unterschiedlichsten Plätzen gespeichert ist. In den wenigsten Fällen existiert eine Verknüpfung zwischen den Quellen oder es ist eine Suche verfügbar, über die die Informationen gefunden werden können. Enterprise Content Management-Systeme sollen helfen, das komplette Wissen und die Informationen zu bündeln und diese Mitarbeiter, Kunden, Dienstleistern und Partnern zugänglich zu machen. [9]

Die Aufgaben eines ECMS sind das Erfassen (Capture), das Organisieren (Managen), das Speichern (Store), das Ausliefern/Übertragen (Deliver) und das Archivierung (Preserve) von Informationen, die dann die Geschäftsprozesse unterstützen sollen.[10]

---

[7] Vgl. . Ostheimer, Bernhard; Janz, Wolfhard: Dokumenten-Management-Systeme – Abgrenzung, Wirtschaftlichkeit, rechtliche Aspekte, Gießen 2005, S. 11
[8] Eigene Abbildung, in Anlehnung an Böhn, Martin: Enterprise Content Management – Systeme für Dokumentenmanagement und Archivierung, Würzburg 2010, S. 5
[9] Vgl. Kampffmeyer, Ulrich: Enterprise Content Management – zwischen Vision und Realität, Hamburg 2003, S. 5
[10] Vgl. Kampffmeyer, Ulrich: Enterprise Content Management, Hamburg 2005, S. 4

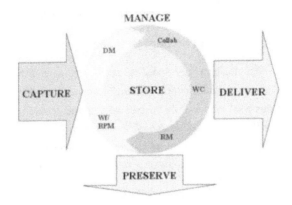

Abbildung 3: ECM-Model nach AIM (Association for Image und Information Management)[11]

In einem ECMS sind andere Komponenten wie DMS integriert, damit das Unternehmen mehr Möglichkeiten hat, seine Informationen zu nutzen. Dabei soll darauf geachtet werden, dass möglichst alle Informationen eines Unternehmens im ECMS eingegliedert sind, damit der volle Funktionsumfang gewährleistet wird und alle Datenquellen bei Abfragen in Betracht gezogen werden. Dabei sollen alle Daten und Dateien möglichst nur an einer Stelle im Netzwerk zu finden sein.[12]

Das Hauptaugenmerk von ECMS liegt auf der Darstellung von unternehmensrelevanten Abfragen und der Bereitstellung von firmeninternen Informationen über Webtechnologien, wie Intra- beziehungsweise Extranet. Dabei kann ECMS jegliche Backend-Systeme über passende Schnittstellen integrieren und passt somit in jede IT-Umgebung von Unternehmen.[13]

---

[11]http://www.documanager.de/magazin/pic/magazin_1870_01.jpg
[12] Riemer, Christoffer, Schwenke, Jan: Analyse und Konzeption von Content Management Systemen für kleine und mittelständische Unternehmen, Noderstedt 2007, S. 53
[13] Riemer, Christoffer, Schwenke, Jan: Analyse und Konzeption von Content Management Systemen für kleine und mittelständische Unternehmen, Nodorstedt 2007, S. 53

3 Erklärung der Veränderung des Dokumentenlebenszykluses durch ECMS an dem Beispiel „eingehende Post"

An dem Beispiel der eingehenden Post kann sehr gut der Vorteil von Dokumentenmanagement aufgezeigt werden. In der folgenden Abbildung sehen wir den alten Prozess, wie Post an die entsprechenden Arbeitsplätze gelangt ist. In kleineren und mittelständischen Unternehmen ist diese Art von Verteilung heute immer noch aktuell. Auch manche Großunternehmen verwenden diese Art, bei der ein oder mehrere interne Mitarbeiter die Post von Arbeitsplatz zu Arbeitsplatz verteilen.

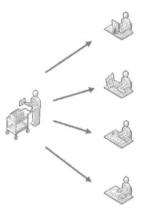

Abbildung 4: Verteilung der Post über internen Postdienst[14]

Nach der Einführung eines Datenbankmanagement-Systems verändert sich der Prozess. Die Arbeitskraft wird nur für das Scannen der Dokumente und die Wartung des Systems gebraucht. Die Verteilung erledigt das DMS. Zudem kann die Post auch im Urlaub oder für Mitarbeiter, die öfter außer Haus sind, unterwegs über Smartphones und Laptop abgerufen werden.

---

[14] Eigene Darstellung

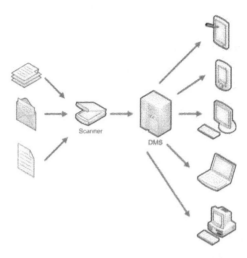

Abbildung 5: Postverteilung mit Hilfe eines DMS[15]

Dokumentenerstellung

Der Brief wird aus dem Umschlag geholt und eingescannt. Danach wird er visuell geprüft und mit dem nötigen Empfänger, einem Datum, einer Uhrzeit, einer Versionsnummer und gegebenenfalls einem Zusatzattribut, wie *dringlich+persönlich*, versehen. Danach müssen die Briefe ordnungsgemäß entsorgt werden.

Dokumentenverwendung

In dieser Phase wird der Brief gelesen und bearbeitet. Er kann zum Beispiel mit Notizen versehen werden oder es werden Verknüpfungen mit Dokumenten oder anderen Briefen erstellt. Das ist oft dann der Fall, wenn dieser Brief zu einem Schriftverkehr mit einem Kunden oder Partner gehört.

Dokumentenverteilung

Der Brief kann mit den gemachten Notizen oder einer angehängten Antwort zurück zum Absender gesandt werden. Weitere Möglichkeiten sind die Einbindung in einen Workflow, die Weiterleitung an Kollegen oder die Veröffentlichung im Intranet.

---

[15] Eigene Darstellung

Dokumentenablage

Wichtige Briefe werden im Archiv aufbewahrt. Dabei können sie mit einem Zeitstamp versehen werden, der dafür sorgen kann, dass das Dokument zu einem bestimmten Zeitpunkt gelöscht wird. So verhindert das Unternehmen ein Überlaufen des Speichers. Die Dauer kann ebenfalls von gesetzlichen Fristen bestimmt werden.

Dokumentenzerstörung

Dokumente, die nicht mehr gebraucht oder deren Aufbewahrungsfristen abgelaufen sind, werden gelöscht. Das kann in DMS automatisch geschehen oder durch einen manuellen Anstoß. Dokumente werden dann komplett ohne Spuren zu hinterlassen, gelöscht. Dabei muss darauf geachtet werden, dass die Verlinkungen zu anderen Dokumenten ebenfalls gelöscht werden, ansonsten verliert das DMS an Übersichtlichkeit.

4 Vorteile für das Unternehmen

Es gibt viele Vorteile des Dokumentenmanagement für ein Unternehmen. Zum Einen die Zeit, die durch einen schnelleren Zugriff, Ablage, Dokumentenübergabe, Suche und Bearbeitung gespart wird. Experten schätzen die eingesparte Zeit auf 50% bis 90%.[16] Durch das schnellere Auffinden und Bearbeiten der Dokumente lassen sich auch Personaleinsparungen realisieren. Die Produktivität der Mitarbeiter steigt durch ein DMS um ca. 10% bis 25%.[17]

Ein weiterer Punkt sind die Einsparungen bei Sachkosten. Darunter fallen die Ausgaben für Papier, für Regale und Schränke zur Lagerung und für Kopiergeräte. Desweiteren verbrauchen Schränken, Regale und Kopiergeräte Standfläche, die nicht mehr angemietet werden muss.[18]

In der Bearbeitung der Dokumente entstehen ebenso Vorteile. So können mehrere Benutzer an einem Dokument dezentral arbeiten. Durch Versionsnummern und Zeitstempel wird das aktuellste Dokument schnell gefunden und es werden keine alten Unterlagen editiert oder aufgerufen. Außerdem können Dokumente, die zusammen gehören, gruppiert und verlinkt werden. So können Mitarbeiter schneller weitere Informationen zu bestimmten Themen erhalten und tiefer in die Materie einsteigen. Eine Zugangskontrolle achtet dabei genau, dass nur Mitarbeiter, die über die nötigen Rechte verfügen, den Zugang auf die entsprechende Unterlage hat.[19] Somit wird ausgeschlossen, dass Dokumente auf dem Weg zum Empfänger, dem Liegenbleiben auf dem Schreibtisch oder nach dem Wegwerfen in den Papiermüll, von Unbefugten gelesen werden.

Die mobile Nutzung bringt ein zusätzliches Plus. Im Zeitalter von mobilen Devices, wie Smartphones, Laptop oder Tablet-PCs, ist es einfach über das Mobilfunknetz an die Daten und Dokumente zu gelangen, die im Netzwerk des Unternehmens lagern. Durch schnelle Verbindungen, wie UMTS oder in Zukunft mit LTE, können zeitnah auch größere Dateien geöffnet werden.

---

[16] Vgl. Schüttler, Stephan: Unternehmensweites Dokumentenmanagement – Einsatz und Potenzial, Norderstedt 2009, S. 18
[17] Vgl. Limper, Wolfgang: Dokumentenmanagement – Wissen, Informationen und Medien digital verwalten, München 2001, S. 34
[18] Vgl. Schüttler, Stephan: Unternehmensweites Dokumentenmanagement – Einsatz und Potenzial, Norderstedt 2009, S. 18
[19] Vgl. Limper, Wolfgang: Dokumentenmanagement – Wissen, Informationen und Medien digital verwalten, München 2001, S. 34

5   Nachteile für das Unternehmen

Als einer der größten Nachteile zählt die hohe Investition, die am Anfang steht. Die Einbindung und Erreichbarkeit aller Dokumente stellt hohe Ansprüche an die IT-Infrastruktur des Unternehmens. Zudem sollen die Dokumente jederzeit erreichbar sein und im Falle vieler gleichzeitiger Anfragen schnell dargestellt werden.[20] Zusätzlich stehen Ausgaben für die Schulung der Mitarbeiter an.[21] Die Umstellung von Papier auf elektronische Dokumente ist nicht für jeden selbsterklärend. Gerade nicht technikaffine Personen haben Schwierigkeiten sich in der Vielfalt von möglichen Einstellungen und Darstellungen zurecht zu finden.

Bevor ein Dokument aber genutzt werden kann, entsteht ein hoher Aufwand beim Scannen jedes einzelnen Papierdokumentes. Diese sollten danach einem visuellen Test unterlaufen, bei denen die Darstellung von Farben, Text und Format verglichen werden. Danach müssen die Dokumente indiziert werden. Hier muss sehr genau darauf geachtet werden, dass Keywords nicht falsch angebracht werden und Zugriffsrechte nicht vertauscht werden. [22] Dieser Vorgang ist „ohne zuverlässige Software und Hardware nicht machbar."[23]

Nachteile, die eher im Unfeld von den Mitarbeitern liegen, sind die Akzeptanzprobleme, die diese Systeme haben. Die meisten Menschen lesen lieber von Papier als von Bildschirmen. Ein weiterer Punkt ist das Ansteigen der Bildschirmarbeit, die eine gleichbleibende, monotone Haltung des Körpers mit sich bringt und somit eher zu Haltungsschäden führen kann als das Lesen eines Dokumentes im Stehen oder im bequemen Sitzen. [24] In Meetings und Arbeitsgruppen wird es DMS sehr schwer haben sich durchzusetzen.[25] Nicht viele Unternehmen verfügen über Laptops oder Tablet-PCs, die von Mitarbeitern mitgenommen werden können, um alle Informationen zur Hand zu haben. Hier wird in naher Zukunft kein kompletter Wechsel möglich sein.

---

[20] Vgl. Dandl, Jörg: Dokumenten-Management-Systeme – Eine Einführung, Mainz 1999, S. 15
[21] Vgl. Limper, Wolfgang: Dokumentenmanagement – Wissen, Informationen und Medien digital verwalten, München 2001, S. 33
[22] Vgl. Dandl, Jörg: Dokumenten-Management-Systeme – Eine Einführung, Mainz 1999, S. 15
[23] Schüttler, Stephan: Unternehmensweites Dokumentenmanagement – Einsatz und Potenzial, Norderstedt 2009, S. 19
[24] Vgl. Dandl, Jörg: Dokumenten-Management-Systeme – Eine Einführung, Mainz 1999, S. 15
[25] Vgl. Limper, Wolfgang: Dokumentenmanagement – Wissen, Informationen und Medien digital verwalten, München 2001, S. 33

6 Fazit

Dokumentenmanagement sollte ein wichtiger Bestandteil jedes Unternehmens werden. Wartezeiten durch zu langsame Informationenwege können in allen Bereichen auftreten, so zum Beispiel im Kundensupport, bei Projekten, bei Entscheidungen oder auf der geschäftlichen Ebene. Diese Zeiten kosten das Unternehmen Geld und blockieren Ressourcen, die an anderer Stelle genutzt werden können. Verlorengegangene Informationen können Entscheidungen und Projekte in komplett falsche Bahnen lenken und so das Ziel negativ beeinflussen.

Damit diese Punkte nicht auftreten, müssen aber viele Punkte bedacht werden. Natürlich steht am Anfang eine große Investition. Es fallen nicht nur Software- und Hardwarekosten an. Es muss auch an die Schulung der Mitarbeiter und die Einstellung qualifizierter Betreuer des Systems gedacht werden. Nur wenn alle Mitarbeiter mit dem DMS vertraut sind, wird dieses Konzept zu einem Erfolg. So müssen die Dokumente in guter Qualität eingescannt, mit den richtigen Keywords versehen und den richtigen Empfänger zugeordnet werden. Zudem sollten Dokumente nach dem Bearbeiten entweder weiterverteilt, archiviert oder in eine Wissensdatenbank abgelegt werden. Wenn alle Mitarbeiter das System und ihren Nutzen verstanden haben, kann sich das DMS durchsetzen. Dieses muss aber von höheren Positionen vorgelebt und unterstützt werden.

Ein weiterer Punkt, der DMS zu einem Erfolg macht, ist der Einsatz im Zusammenhang mit einem ECMS. So steht das DMS nicht als Einzelprodukt, sondern gehört zu einem System, in dem noch weitere Bausteine, wie Portale oder Web Content Management, integriert sind.

Dass DMS aber nicht nur eine Zukunftsvision, sondern schon Alltag ist, belegt eine Studie der DMS-Akademie. In dieser Umfrage von 200 Unternehmen gaben 69% davon an, dass sie ein DMS nutzen. 19% planen eine Anschaffung in den nächsten Jahren. Letztendlich nur 12% beschäftigen sich aktuell nicht mit dem Thema.[26]

---

[26] Vgl. Neue Studie „Zukunft DMS" der DMS-Akademie,
http://www.documanager.de/magazin/artikel_777_studie_zukunft_dokumenten_management.ht
ml

Literaturverzeichnis

Monographien

Böhn, Martin: Enterprise Content Management – Systeme für Dokumentenmanagement und Archivierung, Würzburg 2010

Dandl, Jörg: Dokumenten-Management-Systeme – Eine Einführung, Mainz 1999

Kampffmeyer, Ulrich: Enterprise Content Management, Hamburg 2005

Kampffmeyer, Ulrich: Enterprise Content Management – zwischen Vision und Realität, Hamburg 2003

Limper, Wolfgang: Dokumentenmanagement – Wissen, Informationen und Medien digital verwalten, München 2001

Manhart, Klaus: Krawattenträger verstehen – Fakten für IT-Techniker, München 2009

Ostheimer, Bernhard; Janz, Wolfhard: Dokumenten-Management-Systeme – Abgrenzung, Wirtschaftlichkeit, rechtliche Aspekte, Gießen 2005

Riemer, Christoffer, Schwenke, Jan: Analyse und Konzeption von Content Management Systemen für kleine und mittelständische Unternehmen, Noderstedt 2007

Schüttler, Stephan: Unternehmensweites Dokumentenmanagement – Einsatz und Potenzial, Norderstedt 2009

Internetseiten

Neue Studie „Zukunft DMS" der DMS-Akademie, http://www.documanager.de/magazin/artikel_777_studie_zukunft_dokumenten_ma nagement.html